EMIGRAR A ITALIA

Guía útil con información detallada para quienes deseen emigrar a Italia

Rita Nureña Clavo

Sobre la autora

Rita Nureña Clavo nació en Caracas – Venezuela en 1983. Es comunicador social egresado de la Universidad Santa María, mención Audiovisuales.

Ha emigrado con su familia a Italia en el año 2013. No ha dejado de lado sus raíces y su carrera universitaria, buscando siempre una forma para comunicar su nuevo entorno en Italia y su cultura.

"Creo que la cultura italiana siempre me ha perseguido y eso se lo debo a los Zitella, mis primos italianos que viviendo en Venezuela tenían costumbres europeas que siempre llamaron mi atención".

"Es gracias a Freddy mi esposo que estoy en Italia y su apoyo incondicional continúa hoy en esta guía".

Prólogo

Salir de la vida cotidiana a un nuevo mundo, con personas y culturas desconocidas, es una oportunidad que pocos tienen, tanto en el aspecto económico económica y sobre todo en la parte emocional. Mi experiencia como emigrante venezolana no ha sido fácil ni perfecta, encontré en el camino muchas piedras que saltar. He pensado en lo útil que habría sido contar con una ayuda para lograr cada paso, para encontrar los lugares necesarios y que me evitara el estrés que significa salir de Venezuela con tu propia familia.

Esta es la razón por la que decidí hacer esta guía, para quienes desde su país de nacimiento quieren emprender este nuevo reto. Porque en muchos lugares te dirán que debes aprender italiano y que debes sacar tu *"Carta d'identità"*, entre otros documentos, pero nadie te dice los costos, donde hacerlo y los requisitos que debes cumplir para obtenerlos.

Yo te explicaré paso a paso las etapas para emigrar y llegar a Roma o cualquier otro lugar de Italia, qué cosas llevar contigo en el avión, y qué puedes hacer en el aeropuerto, incluso te daré consejos para alcanzar con tranquilidad tu sueño de emigrar.

Este es la primera guía de una serie donde encontrarás toda la ayuda y la verdad que vivimos los emigrantes cuando salimos de nuestra tierra.

Mi única ventaja era un esposo italiano, pero para ti no será un problema si no tienes un familiar italiano. Yo te diré qué permisos puedes obtener viviendo en Italia, las ventajas de vivir en las periferias de varias ciudades y los lugares más recomendados para conseguir un empleo.

Capítulo I

¿Por qué elegir Italia?

Italia o República Italiana, es un país soberano miembro de la Comunidad Europea, su población para el año 2016 era de 60.665.551 habitantes. Italia es un país bicontinental; su territorio se encuentra una parte en Europa del Sur y lo conforman la península itálica, el valle del Po y dos grandes islas en el Mar Mediterráneo: Sicilia y Cerdeña. La otra parte se encuentra en el territorio africano y lo comprenden las islas de Lampedusa, Lampione, y Pantelaria.

La Capital de la República Italiana es Roma, siendo una de las ciudades más concurridas por turistas de todo el mundo, la razón principal además de la arquitectura, gastronomía, arte y obviamente todo el centro histórico y sus restos del grandioso Imperio Romano; es que dentro se encuentra la representación de la iglesia católica con la pequeña pero importante ciudad El Vaticano, oficialmente Estado de la Ciudad del Vaticano, cuyo territorio consta de un enclave dentro de la ciudad de Roma.

Italia es el lugar ideal para quienes adoran la moda; una de las ciudades más importante es Milán, centro de finanzas e industrias, conocida como "la capital de la moda", y para quienes aman la gastronomía, Italia se presenta como un magnífico país para degustar los mejores platos, con ingredientes frescos y de cada región para que tu ingreso in Italia sea más agradable aun.

El esplendor de Italia va más allá del arte, la gastronomía y la moda: es un país de una diversidad natural y cultural extraordinaria.

Para mí el mes más adecuado para llegar a Italia es marzo, así no recibirás como primera impresión el frío del invierno o el calor del verano. Las cuatro estaciones en Italia son bien marcadas, durante el frío las temperaturas pueden alcanzar los -10 grados Centígrados mientras que en el verano el termómetro puede subir a 40 grados Centígrados.

Es importante conocer la temperatura aproximada del mes y el lugar donde has decidido llegar. En Internet puedes encontrar canales dedicados al tiempo (Accuweather) y obtener detalles de las zonas que te interesan. Ya que no es lo mismo llegar a Milán (norte), Roma (centro) o Sicilia (sur); debido a que el clima es totalmente diferente.

Si llegas en marzo, asegúrate de tener a mano un suéter no ligero para que lo uses apenas aterrizado el avión. Si prefieres tener también una chaqueta, úsala cuando pienses que el suéter no es suficiente. Porque es diferente el clima en el aeropuerto y la zona donde decides vivir, ten en consideración siempre que el clima podría ser diferente entre los dos lugares.

Quienes provienen de países con cambios climáticos como Argentina, Chile o Perú, conocen muy bien la forma de vestir ante las diferencias del clima. Es importante contar siempre con la información precisa del clima de la zona a la que llegarás, sobre todo si viajas con la familia, donde los niños son más sensibles a los cambios de temperatura.

En la maleta no pueden faltar camisas de mangas cortas que puedas usar debajo del suéter, zapatos cerrados, sandalias, paraguas, traje de baño y una chaqueta de cobertura máxima. Además agrega un protector para los labios (ejemplo manteca de cacao), ya que el frío tiende a resecar los labios y hacerlos enrojecer provocando quemaduras por frío, que pueden ser graves si no se toman las precauciones debidas.

Una de las ventajas al llegar en los meses de primavera (marzo, abril y mayo) aparte del clima es los horarios de las oficinas del estado. Si llegas en julio, habrá una gran posibilidad de que los organismos públicos donde debes hacer trámites estén cerrados por vacaciones de verano, durante algunos días de julio y todo agosto gran parte del país se detiene. Esto puede ser un problema si tienes tiempos estipulados para realizar documentos importantes.

No obstante, pensando siempre en los emigrantes, algunas oficinas del estado, como las de emigración, en las principales ciudades de Italia se mantienen abiertas aún en verano (junio, julio y agosto), lo que significa que si tus trámites inician allí, puedes llegar sin problemas. Ten en consideración siempre llevar tu pasaporte vigente cada vez que visites estas oficinas, será un requisito imprescindible que deberás mostrar para solicitar cualquier información.

También los supermercados y hospitales están abiertos durante el verano, algunos se toman una semana de vacaciones (hablo sólo de los supermercados) mientras otros permanecen abiertos incluso 24 horas. Si debes ir al hospital por emergencia o por control, encontrarás siempre las puertas abiertas.

La mayor parte de Italia tiene veranos calurosos y secos, es agosto el mes más caluroso del año, en cambio el invierno es más frío y húmedo en el norte, mientras que en el Sur las temperaturas son más altas. Los Alpes tienen un clima de montaña, con veranos frescos e inviernos muy fríos.

Capítulo II

Antes de viajar

Tengo pasaporte europeo

Cuando un ciudadano italiano quiere regresar a su país, el consulado italiano otorga ayudas especiales. La ciudadanía italiana en el exterior se obtiene por sangre o matrimonio. Mientras que dentro de Italia puede ser obtenida además por residencia indefinida, asilo o refugio político.

El ciudadano italiano antes de partir debe haberse inscrito con anticipación en el A.I.R.E (Anagrafe degli Italiani Residenti all'Estero), esta inscripción se realiza en el Consulado del país donde vives y si posees familia debes indicar a cada miembro con los respectivos documentos.

Inscribirse en el A.I.R.E debe ser realizado con cada miembro de la familia según el grado de parentesco; para presentar hijos será necesaria la partida de nacimiento y documento de identidad, constancia de matrimonio de los padres, pasaporte europeo y documento de identidad de ambos padres.

En caso de matrimonio, deberás pedir la constancia en la jefatura donde se celebró la unión. Luego llevarla a un traductor reconocido por la embajada italiana en tu país de residencia, una vez obtenido el documento en idioma italiano llévalo al consulado italiano para ser legalizado y apostillado.

Los documentos llevados al consulado italiano una vez legalizados y apostillados, estarán listos para presentarlos en la ciudad a la cual has decidido emigrar. Otros documentos como título de universidad, cursos o master; deben ser legalizados y apostillados antes de ser presentados en Italia, en los organismos competentes como el Ministerio de Exteriores del país de residencia.

Puedes pedirle al consulado italiano que envíe por ti los documentos al Comune (entes territoriales localizados en cada Región italiana con cierta autonomía administrativa) de la ciudad donde piensas llegar, no obstante recuerda que si decides cambiar de ciudad, deberás llegar al Comune que indicaste en el consulado en primer lugar, allí debes retirar los documentos enviados desde tu país de procedencia y presentarlos al Comune donde finalmente vivirás.

Ten en consideración que inscribirse en el A.I.R.E con la familia es un paso importante, el más importante de todos, sin estos documentos no puedes demostrar que eres ciudadano italiano y tu familia no tendrá derechos ni beneficios en Italia. No esperes tener el boleto aéreo para comenzar los trámites, en algunos países los tiempos para recibir documentos en los consulados italianos pueden ser largos.

Uno de los errores en común es la falta de información, la mayoría de las personas no sabe que dentro del consulado italiano pueden encontrar los detalles para un plan de emigración, los consulados son el lugar perfecto para obtener más indicaciones útiles sobre los trámites para salir de tu país hacia Italia.

En Italia el número de identificación personal se llama Códice Fiscale, este es un número asignado de acuerdo a los datos de la persona y son muchos quienes creen que este número lo pueden obtener solo en Italia, la verdad es que el consulado de tu país de residencia tiene la potestad y poder para tramitar por ti este documento, sólo si eres Italiano.

Para ciudadanos (no Italianos) emigrantes, el Códice Fiscale sebe ser obtenido obligatoriamente en Italia, después de la residencia. Para los italianos, obtener el número fiscal antes de partir te será de gran utilidad, pues todos los trámites en Italia se realizan con ese número de identificación personal.

No tengo pasaporte europeo

Si tu idea es emigrar a Italia, no contar con familiares en Europa no es un problema sin solución, porque una vez que entras a Italia las opciones para quedarte son muchas, desde casarte con un italiano hasta pedir asilo político. No es imposible obtener la residencia legal en Italia, siempre que cuentes con los documentos necesarios para solicitarla.

Los permisos para vivir en Italia si no tienes familiares son otorgados por los siguientes motivos:

-     Estudio
-     Misión
-     Asilo político
-     Pasantía de formación profesional
-     En espera de la re adquisición de ciudadanía
-     Trabajo autónomo o subordinado

En las oficinas del Correo italiano conocidas como Poste Italiane, puedes obtener un sobre (kit di Permesso di Soggiorno) que contienen toda la documentación necesaria para la solicitud del permiso de residencia y deben ser completados de acuerdo al tipo de permiso. En las oficinas del Municipio o el Centro de Asistencia Fiscal (CAF, existen varios en cada ciudad) puedes obtener ayuda para completar el proceso.

El kit además contiene una guía que indica todos los documentos y como obtenerlos para luego ser anexados al sobre junto a una copia de todo el pasaporte. Una vez completado los módulos y obtenido los documentos requeridos, coloca todo dentro del sobre y sin cerrarlo llévalo de nuevo a la oficina de correo para su evaluación y expedición.

Será la Posta Italiana quien te otorgará la constancia de envío y en ella será determinado el día y la hora en la cual deberás presentarte a las oficinas de emigración para tomar las fotografías y huellas dactilares. Esta cita puede tardar un par de meses y luego de hacer el proceso en las oficinas, deberás esperar unas semanas antes de regresar para retirar el permiso. En este proceso llénate de paciencia, porque en cada uno de ellos tendrás largos tiempos de espera.

La oficina de correos te pedirá la cancelación de unos 14 a 16 euros de impuestos, 30 euros por gestión de documentos (corrección del sobre, derechos, citas, envió, etc.), y en este 2018 el costo por la gestión aumentó a 80 euros si estas solicitando un permiso por más de 90 días y a 110 euros si es un permiso permanente. Algo que pocos saben es que la solitud de permiso de residencia a través del kit no es obligatoria y si te diriges directamente a la oficina de emigración con tu pasaporte y solicitas una cita allí, los gastos se limitaran solamente a un timbre fiscal de 16 euros, fotocopias y nada más.

Apóyate en una comunidad de connacionales para obtener más ayuda, existen grupos en todo el mundo de razas y religiones que están siempre dispuestos a colaborar con sus compatriotas, estos grupos ofrecen casas en alquiler, ropa, comida y mucho apoyo moral. Existe en cada Comune la asociación Caritas de Italia, allí puedes encontrar mucha ayuda como ropa, comida, etc. En algunos casos ofrecen incluso lugares para dormir.

Es importante obtener todos los permisos antes de cumplir seis meses de tu ingreso a Italia, pues luego pasas a ser un ciudadano ilegal y las cosas se podrían complicar. La ley italiana considera la ilegalidad y clandestinidad un delito, que puede ser penado con cárcel o expatrio.

No tengas miedo en preguntar en el Comune de la ciudad donde llegaste los procesos para obtener ayuda, la policía no puede sacarte del país si te encuentras dentro de los seis meses de ingreso. Incluso puedes apoyarte en los Centros de Asistencia Fiscal (CAF), allí se encuentran especialistas disponibles a orientarte sobre ayudas humanitarias o procesos de emigración para quienes llegan al país.

En algunos casos, el CAF puede ofrecerte el servicio para tramitar estos documentos por un costo determinado (entre 10 y 200 euros), sin embargo, algunos de estos trámites son gratis. Dependerá de cada CAF y de la región en la cual te encuentras si el monto aumenta o disminuye. Está en ti decidir si aceptar esa ayuda o continuar por tu cuenta con el proceso, es importante determinar si la persona que te ofrece el servicio lo hace por cuenta del Centro de Asistencia Fiscal o busca obtener un beneficio propio contigo.

Con el Permiso de permanencia "Permesso di Soggiorno" emitido por el Estado Italiano, según la Directiva 2011/98 de la Unión Europea se puede entrar, salir y residir en Italia. Incluso es permitido viajar temporalmente a otros países de la UE por periodos cortos (hasta 90 días cada seis meses), sin embargo en estos países durante la permanencia no es permitido trabajar.

Es posible viajar, sin necesidad de visa en todos los países del espacio Schengen: Bélgica, Francia, Alemania, Luxemburgo, Países Bajos, Portugal, España, Austria, Grecia, Dinamarca, Finlandia, Suecia, Islandia, Noruega, Eslovenia, Estonia, Letonia , Lituania, Polonia, República Checa, Eslovaquia, Hungría, Malta y Suiza. Para viajar a otros países sin convenio Schengen es necesario informarse sobre los permisos y visas para ingresar.

El permiso de residencia en Italia puede ser retirado si se adquirió de forma fraudulenta o cuando no se cumplen las condiciones necesarias para su extensión, si el solicitante se encuentra fuera del territorio de la Unión Europea por 12 meses o más consecutivos o por expulsión en caso de delitos.

Se consideran delitos graves contra el orden público y contra el Estado, actividades que facilitan organizaciones terroristas, incluyendo las internacionales y otros motivos de ley en caso el ciudadano sea considerado socialmente peligroso. En este último caso le serán otorgadas todas las medidas de seguridad y preventivas para garantizar al presunto infractor un estado de salud favorable.

Un ciudadano extranjero perseguido en su país de origen por razones de intolerancia, puede encontrar asilo y protección en Italia con la condición de "refugiado". Se puede solicitar asilo en Italia debido a fundados temores de ser perseguido por motivos de raza, religión, nacionalidad, pertenencia a determinado grupo social u opinión política.

La parte más difícil de obtener el asilo político en Italia es cómo pedirlo, las largas filas para solicitar el codiciado documento comienzan desde el día anterior, las Questuras (entes gubernamentales para tramitar documentos, permisos, etc.) en sus oficinas de inmigración cada día reciben miles de personas que desean ser registrados como refugiados o asilados políticos. En estas filas no hay distinción de color, raza o sexo; madres, niños, mujeres embarazadas, discapacitados y hombres se encuentran todos detrás de una puerta, que cuando abre, solo los primeros afortunados podrán entrar a realizar el trámite.

De acuerdo a información interna, cuando en la fila se encuentran 10 personas seguidas de una misma nación (Senegal, Ucrania, México y en los últimos años ha ingresado Venezuela) no se permite el ingreso a más de 3 de ellos, la razón principal es que deben otorgar el beneficio a diferentes nacionalidades. Si te encuentras en esta fila y conoces otros compatriotas, no será buena idea hacer grupo, pues pueden ser de aquellos descartados al inicio.

Una vez superada la fila e ingresado a la oficina de emigración de la Questura, recibirás un formulario de solicitud de asilo, que debes presentar, previa cita (aproximadamente 8 días más adelante) con una descripción de los motivos por los cuales requieres el mismo, puede ser redactado en idioma nativo y luego traducido al italiano o directamente en italiano. Además deberás presentar, junto al formulario, copia y original del pasaporte, 5 fotografías tipo carnet y una declaración de domicilio; si no posees vivienda, el gobierno ofrece ayuda financiera a los solicitantes de asilo, y junto con las autoridades locales, contribuyen a tengas un lugar donde vivir los primeros meses.

El día de la cita, los funcionarios revisarán los requisitos y documentos solicitados, si tu caso es aprobado, será tarea de la Comisión Territorial quien decidirá si otorgarte la condición de refugiado o no, para esto fijará una audiencia con el solicitate dentro de 30 días a partir del día de la transmisión de datos por parte de la Questura.

Una respuesta al caso, será recibida por el solicitante en los próximos 3 días luego de la audiencia.

Muchas de las personas no saben que el asilo político es una situación muy difícil de llevar. Una persona con este estatus no puede salir de Italia por el tiempo que la Questura considere necesario, y para que esta ley se cumpla, solicitan los pasaportes de cada miembro de la familia y los retienen hasta que el proceso termine. Si por algún motivo sales de Italia durante la solicitud de asilo o refugiado, perderás automáticamente el derecho.

Al titular del estatus de refugiado, las autoridades policiales, le otorgan un Permiso de Residencia político, cuya duración es de cinco años con posibilidad de renovación y dan acceso a todos los beneficios de salud y bienestar otorgados en Italia.

Además, quienes se encuentran en estado de asilo o refugio también pueden obtener ayuda de la asociación Caritas, incluso la Cruz Roja da una mano a todas estas personas. Siendo refugiado o asilado puedes beneficiarte del sistema sanitario social, de la escuela para los niños e incluso puedes conseguir un trabajo, todo sin problema de ningún tipo.

El solicitante de asilo tiene derecho a circular libremente dentro de la Unión Europea (excepto Dinamarca y el Reino Unido que tienen diferentes cláusulas en materia de inmigración). Los refugiados y solicitantes de asilo político también tienen el derecho a la reunificación familiar y de solicitar la ciudadanía italiana después de cinco años de residencia.

Que llevar en la maleta

Antes de partir debes controlar que cada cosa este en su lugar, ten a mano pasaporte y pasaje. Si algún familiar o amigo te ha ofrecido vivienda en Italia, pídele una carta de invitación donde expliquen cuantos días pasarás en Italia y donde vivirás, esta carta también llévala contigo. En algunos aeropuertos, durante el control de salida, este documento puede ser solicitado por las autoridades, son controles de seguridad para evitar que personas viajen con intención de permanecer en otros países de forma ilegal.

Existe una lista obvia de artículos prohibidos para llevar en el avión, pero si tienes dudas sobre un producto en particular, puedes llamar a la aerolínea que te dirá con detalles que cosas puedes llevar. No trates de esconder mercancía prohibida dentro de las maletas o bolsos, si son descubiertos tu ingreso a Italia iniciará mal.

Si llevas artículos descritos por la aerolínea como mercancía de importación, deberás obligatoriamente declararlos en la aduana del aeropuerto de Italia, allí un oficial controlará las cantidades de los artículos que estés ingresando al país, y si es el caso te dirá que impuestos debes pagar. La mayoría de las veces son artículos que no tienen tasas de impuestos o las cantidades son pocas y no será necesario pagar.

Una guía de la ciudad donde llegarás será necesaria, ya sea que tomaste apuntes de las cosas importantes donde llegar o los lugares de registro de documentos, o tienes un mapa mental de cada detalle, o simplemente la compraste, es de vital importancia; con esta guia y/o apuntes el proceso de registro y residencia será mucho más sencillo que si tuvieras que llegar a Italia y comenzar a preguntar "salve, scusi"…

Sobre los aparatos electrónicos, recuerda que la electricidad en Italia es de 220V, y en muchos otros países la electricidad es de 110V, quiere decir que, si partes desde Latinoamérica con una electricidad de 110V, lo mejor será informarte si tus aparatos funcionarían bien en Italia sólo con un adaptador de enchufe de pared (macho o hembra) o si debes comprar un transformador de 110V a 220V. Reflexiona sobre esta segunda opción, la mayoría de las veces un transformador cuesta tanto como el aparato nuevo. Un transformador para equipos de alto Amperaje como robots de cocina, etc., tiene un valor que varía entre los 50 y 250 Euros.

Dentro del consulado italiano puedes obtener información sobre el traslado de pertenencias. Te ayudará si deseas llevar a Italia bienes que no caben en una maleta. Pero considera que cada cosa puede ser de nuevo comprada en Italia, reflexiona sobre las cosas que quisieras tener; los documentos y trámites para exportar bienes personales no solo son largos, sino costosos. Dentro de los documentos que debes presentar, se encuentra una carta explicativa sobre el motivo por el cual estás regresando a Italia, los bienes que deseas llevar y si tienen más de seis meses de comprados.

Si no tienes un permiso para vivir en Italia obtenido desde el país de origen, puede ser que el contenido de tus maletas descubra tus verdaderas intenciones. Cosas como álbumes de fotografías familiares, discos con música, artículos de higiene personal (que normalmente se encuentran en otros países) y cosas que denotan un recuerdo, pueden provocar que los oficiales duden de tus días como turista en Italia.

Una idea es tener tus fotos y recuerdo digitales en un flash drive, que luego puedes tener incluso en las llaves. Los artículos como cremas y otros pueden ser comprados nuevamente en Italia, y si quieres traer otros artículos a los cuales tienes un afecto personal, evalúa envolverlos como regalos para que ante los controles parezcan recuerdos que llevas a conocidos en Italia.

Capítulo III

Dentro de Italia

Una vez en Italia, lo primero que debes hacer es solicitar el Códice Fiscale. Si este número ya lo obtuviste desde tu país de destino, parte del proceso ya lo tienes listo y puedes continuar con el resto.

A los fines de evitar la ocupación ilegal de propiedades inmuebles, a partir de marzo de 2014, mediante el Decreto Ley número 47 del 28 de marzo de 2014, se introdujeron nuevas reglas que se aplican a todos los ciudadanos. Se estableció que para que un ciudadano registre su residencia en el Comune de una ciudad determinada, sea obligatorio presentar documentación personal y demostrar a que título ocupa el inmueble donde vivirá.

Por esta razón si alquilaste un apartamento o casa, solicita a la persona dueña del lugar una copia del contrato de alquiler, si es un amigo quien te recibió en su casa, entonces dile que te acompañe a la policía local para obtener un documento que se llama "comodato d'uso gratuito", se trata de una constancia que verifica que vivirás en casa de tu amigo sin costos de alquiler. Ten presente que este trámite debe ser realizado dentro los primeros 8 días desde que aterrizaste en Italia.

Si aún no tienes el Códice Fiscale, deberás solicitarlo en una "Agenzia delle Entrate", que es la oficina donde se registran los datos personales de todos los ciudadanos italianos y/o extranjeros residentes en el país. Dentro de esta oficina funciona el Fisco italiano, se trata del control de todas las tasas e impuestos de los bienes y servicios que poseen todos los ciudadanos residentes en Italia.

Para obtener el Códice Fiscale el inmigrante debe presentar a la "Agencia delle entrate" un documento de identidad vigente como el pasaporte y el "permesso di soggiorno" obtenido anteriormente en las oficinas de inmigración dentro de la Questura. Debes llenar un módulo con todos tus datos personales y de vivienda, agregar un timbre fiscal de 16 euros y presentarlo ante las oficinas de registro. Este es un trámite con lapsos de espera largos, una vez aceptada la solicitud, debes esperar que llegue a casa un carnet color verde con el número de Codice fiscale, podrán pasar al menos 20 días.

La ventaja es que la oficina donde has realizado el trámite te dará inmediatamente una copia con el número de tu código fiscal (Codice fiscale) y con éste podrás realizar otras solicitudes.

Con tu número fiscal, "Permesso di soggiorno", un documento de identidad como el pasaporte y tu contrato de alquiler o "comodato d'uso", dirígete al Comune de la ciudad donde vivirás (porque no puedes tener un comodato d'uso en Roma y pedir la residencia en Milán), y solicita fijar tu residencia; pagarás una estampilla de 16 euros y obtendrás una constancia de solicitud del trámite. Generalmente tarda unos días en ser aprobado, y se concluye con la visita de la policía local para verificar si realmente vives en el lugar que indicaste; si crees que no estarás disponible porque te encuentras en otras tareas de emigración, basta con colocar en la casilla postal una etiqueta con tu nombre y apellido, esto podría ser suficiente para comprobar que vives allí. En todo caso, es mejor estar presente el día de la visita.

Una vez obtenida la residencia que puede tardar entre 1 y 2 semanas, debes solicitar tu "carta d'identità". Este es un documento de reconocimiento personal, diferente al Códice Fiscale, ambos pueden ser utilizados juntos o separados. Dependerá del trámite que realices si necesitas uno o el otro.

La carta de identidad (carta d'identità) se obtiene presentando al Comune de residencia tu "Permesso di soggiorno", 4 fotografías y el Códice Fiscale. El costo es de aproximadamente 5 euros para el documento en papel, y en este año 2018 han implementado la nueva carta digital, un carnet con chip que tiene un costo aproximado de 20 euros.

Ambas tienen validez, será el Gobierno Italiano quien decida cuando aquellas de papel no serán más utilizadas, pero si quieres economizar, obtén la de papel.

Otro punto importante al cual pocos le prestan atención, son las fechas de vencimiento de los documentos personales del país de origen. Asegúrate de viajar con un pasaporte que tenga una fecha de vencimiento lejana, pues corres el riesgo que al vencerse no puedas realizar otros trámites dentro de Italia, la ley italiana es precisa sobre este punto y cada gestión tiene como requisito no opcional un documento de identidad de tu país de origen vigente.

Servicio Nacional Sanitario italiano

Solicita en el Comune una constancia de residencia, "storico di residenza", (con un documento de identidad y estampilla de 16 Euros) para usarla en la inscripción al Servicio Nacional Sanitario (SSN). Dirígete a cualquiera de las sedes de la "Azienda Sanitaria Locale" (ASL), y solicita el "médico di base" presentando la "Carta d'identita", "Codice fiscale" y "Permesso di soggiorno". Luego de la inscripción en el SSN, llegará a tu casa el carnet sanitario o "Tessera Sanitaria".

Con el carnet sanitario es posible recibir asistencia, y cubre consultas, vacunas, exámenes, análisis, estudios y en el caso de ser necesario, rehabilitación y prótesis. En el caso de los medicamentos, el Estado italiano se asume gran parte del costo y en algunos casos, la totalidad, es probable que de las medicinas que debas asumir pagues solo una parte del precio total.

El médico di base es quien llevará tu historia médica desde el momento en que te haces residente en una ciudad italiana, es él quien puede enviarte a consultas especializadas o ayudarte a obtener referencia en ciertos casos médicos.

Si tienes niños, el medico di base es entonces el pediatra y será quien llevara el control de los pequeños hasta los 12 años, que pasarán luego al médico de base para adultos. Generalmente ambos médicos resuelven casos simples, como refriados, fiebre, malestar general, etc. Para casos como dolores persistentes o heridas graves, el médico di base te remitirá al especialista y cuando no encuentras al médico di base, como por ejemplo en horas nocturnas, feriados, etc., puedes llamar a la Guardia Médica; se trata de un grupo de especialistas disponibles 24 horas para casos de "no emergencia".

Cuando se trata de un caso de emergencia, existe el "Pronto Soccorso" y lo encuentras en cada hospital, allí los casos son tratados por colores, siendo el rojo el más importante y el blanco destinado a quienes la vida no corre peligro, por este motivo debes evaluar cuando ir, pues si tu caso resulta entre blanco y verde, serás atendido después de los prioritarios amarillo y rojo.

Sobre los hospitales, un punto importante es que siempre serás atendido por un especialista y de acuerdo a tus síntomas o dolencias te realizarán exámenes pertinentes. Existe la posibilidad que en algunos casos puedan dejarte en observación varios días, este es uno de los motivos por los cuales ir al Pronto Soccorso sólo si tienes síntomas de refriado no es una buena idea, porque tendrás que esperar tu turno largas horas y luego, dependiendo del caso, podrías ser hospitalizado por un par de días. Si te ausentaste de tu empleo y buscas un justificativo de trabajo o una receta para un calmante, lo mejor es dirigirte al médico di base.

En Latinoamérica estamos acostumbrados a pasar un par de días en casa y ser justificados en el empleo con una constancia del médico; en Italia las reglas cambian, si pasas dos o más días sin ir a tu lugar de trabajo y lamentas un malestar, es probable que seas contactado por el ASL para verificar tu estado de salud, y para ello recibirás en casa la visita de un especialista, que evaluará si tu caso realmente justifica el hecho de no presentarte al trabajo. Si es determinado que tu estado de salud no corre peligro, pudieras perder el empleo.

Para quienes no se encuentren inscritos en el S.S.N., la asistencia sanitaria es también garantizada, y podrá ser recibida solo después de pagar lo que establece la ley para cada caso, y esto varía según la Región. En caso de urgencias como accidentes, enfermedades grave, maternidad, menores de edad y profilaxis, la asistencia sanitaria es cubierta por el estado.

Casos médicos especiales

Cuando llegas a Italia la visión de todo cambia, puede que el estrés de enfrentarte a una nueva vida haga resalir nuevos dolores o viejos malestares que estaban dormidos. El Servicio Nacional Sanitario en Italia está disponible para todos, incluso para aquellos que deben ser operados por algún problema en especial.

Si quieres presentar tu caso, dirígete al médico de base con tu historial (aunque esté en otro idioma), explícale detalladamente la razón por la que lo estás visitando y deja que evalúe cuáles son tus posibilidades. En caso de requerir intervención quirúrgica; serás dirigido a un médico especialista que luego de estudiar tu historial te indicará los exámenes previos que debes realizar y te colocará en una lista de espera para una posible operación. Serás avisado con anticipación para que tengas preparado tu archivo médico.

Aunque en Italia todos los servicios médicos están disponibles para todos los ciudadanos, no son totalmente gratuitos. El médico de base no tiene un costo por las consultas, no tiene límite de ellas y su colaboración médica está siempre disponible, sin embargo, cuando eres dirigido a un especialista, también serás dirigido a una larga lista de gastos. Las consultas con especialistas cuestan al menos 34 euros cada una, los análisis de sangre que varían en precio según el tipo de examen, y las radiografías pueden alcanzar los 90 euros. Otros gastos dependerán del tipo de cirugía o tratamiento.

En Italia son muchas las personas que, mientras se encuentran en lista de espera para la intervención quirúrgica, realizan los exámenes previos poco a poco; esa es una manera de enfrentar esos gastos para luego no hacerlos todos juntos.

Su significado y traducción es Indicador de Situación Económica Equivalente. Es un documento que reporta un valor total de entradas y salidas de dinero del núcleo familiar, por núcleo familiar se entiende todas las personas que viven contigo, sin distinción de rango sanguíneo.

Cada una de estas personas si tienen un empleo deben declararlo en el ISEE. Este resultado, el valor ISEE, es calculado gracias a la documentación que presentas; aún cuando decidas no declarar algún ingreso económico, el sistema puede detectarlo, la razón es que el Códice Fiscale de cada ciudadano funciona como un registro, significa que los organismos públicos pueden obtener cualquier información necesaria sólo con tu número.

El resultado ISEE es necesario para obtener ayudas humanitarias y sociales en Italia, incluso para descuentos en medicina. Es determinado de acuerdo a los ingresos, bienes patrimoniales (dentro y fuera de Italia), herencias, cuentas bancarias (dentro y fuera de Italia), ventas de patrimonio, automóviles, es decir todo aquello que de una forma u otra te puede generar ingresos económicos.

Para obtener el ISEE puedes dirigirte a un Centro de Asistencia Fiscal (CAF) donde encontrarás especialistas que te ayudarán a obtener el Indicador de Situación Económica Equivalente. Deberás presentar toda la documentación que compruebe que eres dueño o no de lo declarado; contrato de empleo, de alquiler, recibos y facturas que demuestren todas tus operaciones económicas.

Todos estos documentos, deben ser presentados por cada miembro de la familia, a excepción de menores de edad. Este grupo de papeles debe ser acompañado de documento de identidad de cada miembro y Códice Fiscale.

El CAF te entregará el resultado aproximadamente en dos semanas, el ISEE tiene una vigencia de un año que inicia y termina el 15 de enero de cada año. No obstante, para solicitar el ISEE un ciudadano debe tener al menos una cuenta bancaria activa en Italia, ser residente, no es obligatorio tener empleo y es gratis. Puedes apoyarte para este trámite en el CAF.

Para abrir una cuenta bancaria en Italia, parte fundamental en el proceso de obtención del ISEE, debes dirigirte a una agencia bancaria de tu preferencia, algunas incluso ofrecen apertura de cuentas online. Estos bancos son una buena opción precisamente por la gestión de trámites a través de internet, que junto a la red de cajeros automáticos disponibles en la ciudad para retiro y depósito de dinero y cheques, son muy efectivos y prácticos. No tienen bancos físicos, sino pequeñas oficinas de atención al cliente, donde te asignan un tutor de cuenta, a quien puedes acudir en caso de dudas.

En cualquier caso, para abrir una cuenta bancaria en Italia, necesitarás una constancia de residencia (solicitada al Comune de Residencia), tu carta de identidad, "Permesso di soggiorno" y el Códice Fiscale, los bancos no requieren montos mínimos de apertura, no obstante te aconsejan mantener un saldo positivo.

Cada asociación humanitaria requiere un límite máximo como resultado en el cálculo ISEE, generalmente la mayoría de trámites de ayuda humanitaria pueden ser realizados cuando se obtiene un valor ISEE menor a 6000 euros/año. Algunos obtienen incluso un índice o valor ISEE en 0 euros y otros lo superan. Será la asociación humanitaria quien te indicará entre otros requisitos, cual es el mínimo valor ISEE que no debes superar.

Obtener el ISEE servirá para solicitar una "esenzione", se trata del exonero de casi todos los gastos médicos y medicinas. Este estatus de ayuda puede servirte para superar muchos gastos cuando se trata de medicina, sin embargo, si se trata de cirugía de emergencia, no tendrás costos, pero debes ser ingresado primero por emergencia. Los casos considerados emergencia son: caídas graves, accidentes automovilísticos, fracturas y todos los considerados entre amarillo/rojo del código Triage de emergencia.

Educación para niños

Una vez obtenido el Códice Fiscale y el médico de base, puedes inscribir a tus niños en la escuela pública italiana. Dirígete a una escuela cerca de casa, y esto es importante pues si aún no tienen auto o si no cuentan con licencia de conducir, será mejor un instituto donde puedas ir a pie.

En la escuela tus niños podrán estudiar libremente, pero es importante que sean inscritos una vez tengas todos los documentos, porque es un modo de asegurarse un puesto en el año escolar. Son también requeridos los contactos de familiares o amigos a quien llamar en casos de emergencia, e incluso copia de los documentos de quienes pueden retirar en el colegio a los niños si sus padres no llegan a tiempo.

Durante la inscripción podrás elegir si deseas que tus niños cursen la materia religión (Catolica), pues siendo un país con diversas culturas y religiones, los niños no están obligados a estudiar religión si sus padres así lo expresan.

Si tus niños serán inscritos en el comedor o en el transporte escolar, debes dirigirte al Comune de residencia para hacer la solicitud, estos servicios no son gratis, pero puedes obtener descuentos presentando el ISEE y la carta de identidad, los descuentos o exonero total de gastos dependerá de cuantos hijos tienes y del monto o valor en que resulte el ISEE. La información detallada la obtendrás siempre en las sedes del CAF.

La educación en Italia es gratis como servicio, los libros también son gratis, pero solo durante la primaria, de la secundaria en adelante deben ser comprados. Cada año obtendrás un listado con los textos para adquirir, y podrás comprarlos en cualquier librería del lugar. En este caso también puedes obtener descuentos o exonero total de estos gastos, presentando de nuevo el ISEE al Comune, sin embargo, para hacer este trámite deberás atender a los anuncios de los meses disponibles para solicitar la exoneración, y esto puede pasar luego de haber comprado los libros. En estos casos el Comune deposita en una cuenta de los padres el dinero correspondiente al gasto total o al descuento de los libros.

En Italia son llamadas "ufficio per l'impiego" y se trata de sedes con personas que te ayudarán a colocarte en diferentes plazas de empleo, allí con el apoyo de un gestor podrás realizar una hoja de vida de forma llamativa, con los cursos que has realizado, los idiomas que hablas y la experiencia que tienes en tu sector. Luego te darán una lista con las posibles vacantes para que elijas donde quieres ser colocado. Cuando entras en una de estas sedes también entras en una base de datos, esta es actualizada con las diferentes vacantes de manera de poder enviar tu hoja de vida cuando crean que puedes cumplir con el perfil solicitado.

Es probable que para realizar algunos trámites o requerir servicios especiales, ayudas humanitarias o exenciones tengas que presentar una constancia de inscripción en el registro de empleo, en este caso siempre es buena idea solicitarla y tener las copias necesarias. Este documento no tiene fecha de vencimiento, además es un proceso completamente gratuito.

Ten en cuenta que las oficinas de empleo, en muchos casos no contactan rápidamente a las personas, incluso muchos no son siquiera llamados una sola vez, pero esta inscripción te servirá en casos en los que requieres ayudas sociales al gobierno italiano.

Si estás buscando empleo por tu cuenta, aprovecha las Plazas o Bares con WI-FI gratis que se encuentran en tu ciudad, para ingresar tu currículum en diferentes portales, o para enviarlo a las empresas que más te interesan, si este es tu caso, descarga gratis desde internet una plantilla del Currículum Europeo para que estés en línea con todos los candidatos.

Otro punto importante es la comunicación, debes mantenerte siempre disponible para cualquier comunicación. Puedes comprar un teléfono y línea básicos para comenzar la búsqueda de empleo. En el mercado existen muchas ofertas que incluyen internet o llamadas ilimitadas al exterior. Te puede servir de ayuda si tienes familiares fuera de Italia y quieras contactarlos para mantenerlos al día de tu situación. Para comprar una línea telefónica debes tener el "Códice Fiscale" y un documento de identidad, puede ser el pasaporte.

Si tomas un plan con recarga, puedes realizarla en muchos lugares. Lejos quedaron las tarjetas con códigos y números. Ahora, puedes ir a un bar especializado, dar tu número de teléfono, el monto a recargar, pagar y estará disponible la línea tan rápido como salgas del lugar. Una ventaja muy importante, pues estas recargas las puedes hacer incluso desde un cajero automático.

Italia es un país de cuentas correctas, pero encontrarás también personas poco honestas como en cualquier otro país. Sin embargo, la sinceridad del resto y la colaboración de los entes gubernamentales, van más allá de cualquier acción inusual o ilegal que otros puedan hacer. No permitas que terceros te ofrezcan servicios o vías más rápidas para los trámites que debes realizar, podrías ser estafado de forma fácil u obtener un documento falso y en casos peores podrías incluso terminar en la cárcel.

Lamentablemente sobre la hoja de vida hay mucho que decir, si eres especialista en máquinas de coser, es difícil que consigas trabajo como cajero de supermercado, ya que en general buscan personas ya con experiencia en el ramo. Por otro lado, aunque seas un experto en tu sector, si buscas empleo como personal de limpieza podrías ser inserido y no quiere decir que sea un trabajo de poco. En muchos sitios, el personal de limpieza gana tanto como el cajero y tiene casi los mismos beneficios que el gerente del lugar.

Si alquilaste o compraste una casa en Italia, debes saber que son varios los gastos que tienes al mes. El alquiler es el principal, luego debes sumarle los servicios como electricidad y gas, que dependerán de varios factores como el plan y compañía suscrita, el tiempo en el usas los aparatos eléctricos e incluso la hora, ¿sabías que si usas los electrodomésticos entre 8 p.m. y 8 a.m. el consumo de electricidad baja casi en un 50%?, quiere decir que duchas con agua caliente, secador de cabello o secadoras de ropa, pueden ser usados de noche sin mucha preocupación.

Hablando de agua caliente, puedes optar por calentadores, cocina y la calefacción a gas, ésta última aumenta en los meses de invierno. Estos costos pueden ser fuertes, pero aseguran calor por todos los meses de invierno.

Muchas personas que emigran a Italia no conocen los verdaderos gastos que deberán enfrentar al llegar, además de acostumbrarse a cosas nuevas, los gastos adicionales pueden llevarte a pensar que la idea no ha sido la mejor.

Los hogares italianos de acuerdo a la cantidad de personas que viven dentro de una casa y las medidas de la misma, deben pagar el servicio de aseo comunitario, el cual permite que los desperdicios sean retirados en la puerta de cada hogar, luego de ser separados en casa por categoría para su reciclaje. Cada zona de las ciudades tienen sus propias reglas, colores y días para la recolección de material reciclado, quien no cumple estas normas puede ser multado con montos que van desde 50 hasta 300 euros.

Este servicio de recolección tiene un costo anual que debe ser pagado a través de depósito bancario con recibos pre completados, que llegan directamente a casa. Los montos varían anualmente. Lo importante es que, si existe posibilidad de un error, por ejemplo, un mal cálculo de parte del Comune en cualquier servicio, quiero que sepas que el dinero es devuelto en forma de descuento en el próximo pago.

El agua también es un servicio que se paga en el país, existen casas que cuentan con pozos desde los cuales la extraen, sin embargo, la mayoría utiliza el líquido que viene desde las fuentes externas del proprio Comune, por esta razón los costos varían de acuerdo al lugar y cantidad de litros por año. Estos pagos, como he dicho en varios párrafos pueden ser exonerados o descontados si entras en las categorías de personas con ISEE bajo, es decir que, presentando los documentos necesarios en tu Comune de residencia, puedes solicitar la revisión de tu caso para obtener los beneficios.

Todos los servicios deben estar a nombre del propietario de la casa, si vives en alquiler entonces debes tratar de poner alguno de los servicios por los cuales deseas obtener descuento a tu nombre, pues es la única manera que revisen a detalle si entras en el grupo de personas con necesidades. El Comune está en la obligación de controlar la información que estás entregando, pues exonerar o descontar servicios sólo porque lo solicitas no es la regla, si no cumples los requisitos simplemente te rechazan la solicitud. Pero puedes repetir el proceso el año siguiente, después del 15 enero cuando se vence el ISEE del año anterior y cuentes con uno nuevo.

Como comer en Italia

Es un tema del cual se puede hacer un libro entero, sin embargo, la base de todas las comidas en este país es la pasta. Sin ella en cada mesa no es posible continuar el día, lo acompaña siempre un buen vino y un poco de pan para hacer la llamada "scarpetta". Esta combinación quizás te suene a gastos increíbles, pero no es así. Un vino de mesa puede costar entre 2 y 3 euros, mientras que un kilo de pasta cuesta entre 0.30 y 1.30 euros.

La variedad de comida es tan amplia como las redes de supermercados, encontrarás lugares donde los alimentos cuestan un poco más, sin embargo, puedes beneficiarte de los discount, lugares con alimentos muy buenos a poco precio. En Italia cada día son más los hogares que optan por comprar en estos supermercados, pues el ahorro alcanza alrededor de un 60% en comparación con supermercados de grandes marcas.

También puedes darte un gusto, si así lo deseas, y salir a comer fuera, existen pizzerías especializadas o restaurantes que, por poco, te ofrecen un buen menú. Si quieres compartir con amigos, puedes aprovechar los bares alrededor de tu ciudad y hacer el "aperitivo" que consta de una bebida alcohólica o no, con unas tapas para picar. Puedes llamarla "Apericena", y en muchos lugares suelen hacerlo como alternativa a la cena, cuesta menos y te divertirás más.

El desayuno es la comida más importante del día, cuando llegas a Italia quizás imaginas que puedes desayunar como lo hacías en casa antes de emigrar, será así sólo si cocinas tú mismo. Si decides comer fuera de casa encontrarás una variedad de dulces rellenos de crema, chocolate, pistacho y nueces como "cornetto" (croissant relleno) "bomboloni" (bombas de cremas) "ciambella" (donuts rellenas) y bebidas por todos lados, acompañado de capuchino o mocachino, café corto, café largo y muchos otros. Si eres de los que delira por este tipo de dulces, allí estarás feliz.

Algunos latinoamericanos en Italia han decidido no cambiar, por esta razón existen lugares donde comprar los productos típicos de muchos países para hacer los alimentos a los que te acostumbraste. En Roma por ejemplo, existe el "grande mercato Vittorio Emanuele", que durante años ha llevado los alimentos típicos de otras regiones a Italia; no importa si vienes de Venezuela, China, México, Libia o Egipto, allí encontrarás cada producto que buscas sin problema, incluso hierbas, quesos, bebidas, carnes y mucho más.

Por ejemplo los venezolanos se han encargado de mantener vivas sus tradiciones, platos como las arepas y hallacas navideñas no faltan en cada hogar. El producto más buscado y comprado es la Harina PAN; la conocida harina para realizar arepas y otros platos venezolanos. La hierba que prefieren los latinos es la cilantro y puede ser comprada por grandes cantidades para mantenerlo en la nevera por varios días y congelados por meses.

Si te encuentras en las periferias de la ciudad, puedes buscar los pequeños pero surtidos abastos, generalmente dirigidos por hindúes que te ofrecerán cualquier producto típico que busques. Incluyendo verduras, frutas, granos, etc.

Cualquier plato típico que desees preparar en Italia con tus costumbres nativas lo podrás hacer. Incluso los supermercados tienen variedad de productos extranjeros, para hacerte sentir como en casa. La diferencia es que quizás sean importados de otros lugares y no de tu tierra. Asegúrate que el producto que buscas sea el que en realidad quieres y necesitas.

La asociación Caritas de Italia tiene en todo el territorio comedores públicos, son realmente diferentes, cuidados, limpios y con normas de sanidad y seguridad muy estrictas. Si estas ya inscrito en el Caritas y te encuentras en caso de necesidad, estos sitios pueden serte de gran ayuda, las personas entran por turno y obtienen un menú completo.

Si prefieres optar por pizza, esta es vendida en trozos por peso y puedes comerla disfrutando el paisaje en alguno de los lugares hermosos de la ciudad donde te encuentres.

Las mascotas en Italia

Si tienes animales es importante cuidarlos con dedicación, los animales en Italia cuentan y tienen sus propios derechos. Si decides hacerte cargo de uno, mantenlo siempre limpio y en buena salud. Los supermercados tienen una amplia variedad de productos y alimentos para mascotas. Ten presente que, en Italia, los animales descuidados son pocos pues las multas a los dueños pueden alcanzar los 200 euros, sin contar que, si en el caso tu animal hace daño a otra persona o animal, puedes tener serios problemas legales que incluyen grandes costos e indemnizaciones que pagar.

Para tener una mascota en casa, una vez obtenida (sea comprada, regalada o adoptada), debes ir al veterinario, el especialista le hará todos los controles necesarios, llenará un archivo médico que será su registro y colocará un chip al interno de la piel del animal con tus datos en caso de extravío. Este es un método utilizado para evitar que dueños de animales los dejen abandonados por las calles, si tu mascota escapa de casa, se extravía y/o causa algún daño a terceros, (animal o persona) quien lo encuentre le será fácil llegar a ti, tendrá solo que llevarlo a un veterinario para hacer la lectura del chip.

Ten presente que si tu mascota ocasiona algún daño, tú podrás ser denunciado ante las autoridades locales pertinentes, los cuales llegaran a ti mediante la identificación del animal. Toma en consideración que existen pólizas de seguros muy económicas para mascotas, que te cubren en caso de daños a terceros.

Costos generales

Además de fotocopias, estampillas y fotografías, existen otros costos que debes enfrentar mientras estás en el proceso de emigrar a Italia, como por ejemplo, la movilización; si no tienes carro, puedes apoyarte en los medios públicos que presentan un servicio decente en comparación con los países de Latinoamérica. El tren, metro y autobús son los más usados, cada ticket tiene un valor entre 1 y 2.60 euros para distancias cortas, mientras que si viajas de una ciudad a otra, puede costar más dependiendo del trayecto. Aunque tengas un estatus de refugiado o de asilo político, debes igualmente pagar el boleto, si viajas sin boleto o con uno no confirmado (se confirman, luego de comprados, sellándolos en la máquina de la estación de salida) puedes ganarte una multa que va desde 50 hasta 500 euros.

Las estampillas que deberás colocar en la mayoría de los documentos van desde 16 hasta 48 euros, dependerá del tipo de documento y requerimiento, en el "Comune" te dirán cual comprar, y en los lugares llamados "Tabacchi" (quioscos) podrás adquirirlos.

Quienes viven en Italia normalmente tienen un televisor, o al menos así lo cree el estado. Por esta razón uno de los impuestos a pagar es el canon televisivo RAI (Radio Televisión Italiana) que actualmente tiene un costo de 106 euros/año y cada año. Esta tasa si no es cancelada en los tiempos recomendados, se incurre en una infracción que implica la evasión fiscal y podrás ser sometido a controles por parte de la policía financiera italiana.

Licencia de conducir italiana

Antes de partir, asegúrate que cuentas con una licencia para conducir internacional, luego llévala al consulado de Italia para su legalización y traducción. Esta licencia especial, valdrá sólo por un año en Italia, pero para que sea efectiva debe ser legalizada y traducida, en caso contrario podrás conducir en Italia sólo por los meses que tu condición de emigrante lo permite, 3 meses.

La Ley Italiana establece que una persona que fija su residencia en Italia sea emigrante o ciudadano europeo, debe contar con una licencia de conducir válida para el país, si vienes de países miembros de la Unión Europea puedes simplemente hacer la conversión de licencia, pero, si vienes de países latinoamericanos es probable que para alguno de ellos no existan convenios que permitan dicha conversión.

En el caso de conversión de la licencia de conducir, ésta será reemplazada por la licencia italiana, y será aplicado un adhesivo que permite la identificación en el Registro Nacional de Transporte. Para casos de extranjeros con una licencia de conducir válida fuera de la Unión Europea, podrán circular con un vehículo en Italia por un máximo de un año. Luego de obtener la residencia podrá ser realizada la conversión de la licencia.

Por esta razón si tu licencia no cumple los requisitos para usarla por un año, tendrás derecho a su beneficio sólo tres meses, porque en realidad ya no eres un visitante, pasaste a ser un residente.

Si eres sorprendido conduciendo con una licencia extranjera sin la correspondiente traducción jurada, el Código de Circulación prevé una multa que va desde 400 euros a 1600 euros. Si en cambio estás manejando con una licencia extranjera por más de un año desde obtenida la residencia, la sanción es más dura con una inhabilitación para conducir, el retiro de la licencia y una multa que va desde los 168 a los 674 euros.

Los pasos para obtener la licencia de conducir son dos, el primero que consta de una prueba escrita con 40 preguntas de un universo de 4000 y el segundo que consta de una prueba práctica de conducir. Para superar el examen escrito, puedes equivocarte sólo en 4 de las 40 preguntas, si no pasas este test, tendrás una segunda oportunidad después de un mes y una tercera oportunidad te será otorgada después de seis meses, cancelando siempre los costos adicionales que son de aproximadamente unos 100 euros por examen adicional.

Para continuar con el trámite, es requisito obligatorio superar el test escrito para luego comenzar con las lecciones de conducir "obligatorias". La ley obliga, aunque seas ya un experto, a cursar un mínimo de seis lecciones, pero si no eres un experto al volante podrás hacer todas las necesarias, siempre por un costo adicional. A partir de la séptima lección cada lección extra cuesta aproximadamente 30 euros.

Dirígete a una autoescuela, donde te darán toda la información referente y los costos del proceso, en Roma puedes encontrar ofertas de paquetes que incluyen las clases de manejo, los impuestos y las 6 clases teóricas obligatorias por unos 500 euros, pero recuerda que este precio no incluye los exámenes extra en caso de que no superes el test teórico en el primer intento.

Los organismos gubernamentales de la ciudad donde decidiste llegar, están siempre dispuestos a darte una mano y a ayudarte en este proceso tan complicado y difícil, no dudes en hacerte escuchar y pedir ayuda en cualquier momento. Un ejemplo de ello son los ACI (Automóvil Club de Italia), lo consigues en cada ciudad, en ese lugar darán respuesta a tus preguntas, te orientaran sobre impuestos a pagar, según el tipo de vehículo que posees o que deseas comprar, y te ayudaran inclusive con los trámites para la compra-venta de un vehículo usado.

El precio del combustible en Italia es uno de los más costosos de Europa. El gobierno italiano se asegura que sus ciudadanos cancelen los impuestos, por esto quienes conducen corren mayor riesgo de obtener multas, debido a una gran red de dispositivos (cámaras de video y fotográficas, contadores de velocidad, etc.) que han sido colocados a lo largo del territorio vehicular.

Si deseas comprar un automóvil, es importante informarse con anticipación sobre el costo de traspasos, seguro e impuestos, recuerda que puedes acudir al ACI o visitar una autoescuela, en muchas de ellas también ofrecen el servicio de orientación y tramite de documentos. Es importante que sepas que una persona sin licencia de conducir puede igualmente comprar un auto, solo que no podrá conducirlo, y aun estando parado, el vehículo paga un impuesto anual llamado "bollo anuale", que puede oscilar desde los 100 euros hasta los 400 euros y más, dependiendo de las características del mismo.

Sobre el seguro de automóviles es importante conocer las leyes en materia, cuando una persona obtiene la licencia de conducir italiana por primera vez, se le llama "neopatentato" y para esa figura rigen unas normas obligatorias a cumplir, como la velocidad máxima a la cual pueden viajar y los tipos de vehículos que pueden conducir.

Según el Código de Transito "Códice della strada", los ciudadanos que poseen una licencia de conducir de categoría B (la licencia básica), durante el primer año de conseguimiento no son autorizados a manejar vehículos con una potencia superior a 55 kW por tonelada. En el caso de automóviles de categoría M1, (los que normalmente conducimos y que pesan alrededor de una tonelada y media) la limitación llega a un valor máximo de 70kW o unos 95 caballos de fuerza, siendo este valor, 70KW, el valor máximo permitido aun cuando el peso del vehículo sea mayor.

Para ser más específica, los automóviles de categoría M1 son aquellos destinados al transporte de personas, máximo 9 personas por auto incluyendo quien conduce. Si deseas conocer y tener la seguridad de cuantos puestos tiene el automóvil que vas a comprar, puedes solicitar a su dueño la tarjeta de circulación del vehículo (libbretto di circolazione), allí se encuentran escritos todos los datos del automóvil incluyendo cuantos propietarios ha tenido.

Licencia de conducir por puntos

Es una medida que introdujo el gobierno italiano en el año 2003 con la finalidad de evitar que las infracciones cometidas por los conductores al "Códice della Strada" queden impunes, sea la evasión de las multas o accidentes graves. Inicialmente, a cada conductor, una vez obtenida la patente, le son asignados con ella 20 puntos, en caso de infracciones a las normas de tránsito, deberán ser sustraídos un número de puntos determinados según establece la ley.

Los puntos que han sido sustraídos son recuperables solo cuando el ciudadano se somete a la "revisión de la licencia".

Si a un ciudadano pierde todos los puntos de la licencia de conducir, deberá realizar nuevamente el examen teórico, y una vez superado, continuar de nuevo con las lecciones de manejo (mínimo 6 lecciones de rigor) y el examen final práctico, el resultado final será la recuperación de los puntos y la licencia de nuevo. Es preciso decir que durante el tiempo en que una persona se encuentra en proceso de revisión de licencia (revisione della patente) tiene prohibido conducir cualquier medio de transporte.

En caso de accidentes más graves, los oficiales pueden establecer la suspensión total de la licencia, lo que significa que la persona queda sin la facultad de conducir y no podrá recuperarla de nuevo, a menos que haga una solicitud extraordinaria, ante el ministerio del transporte, esperando por una decisión favorable por parte del juez competente en materia, que cambie el caso de "suspensión total" a solo "suspensión" de la patente. Estos casos de "suspensión total" de la patente generalmente son establecidos en la Ley y se refieren a: accidentes provocados y escapar de sitio, accidentes provocados por personas sin licencia o con licencia vencida, o en proceso de revisión, omisión de ayuda a un herido a raíz de un accidente y otros.

Sin embargo, existen casos donde no sólo son sustraídos los puntos en la licencia, la ley de tránsito contempla otras sanciones de acuerdo a la gravedad del hecho, entre ellos se encuentran desde las multas de alto costo hasta la reclusión en prisión.

Quien obtiene por primera vez la licencia de conducir italiana (neopatentato) y durante su primer año comete una falta, recibirá como sanción la sustracción del doble de los puntos, es decir que si una infracción comporta la sustracción de 4 puntos a la licencia, el conductor perderá 8. El máximo de puntos que un oficial puede retirar de la licencia por una misma infracción son 15 puntos, salvo las excepciones en las cuales comporta la suspensión o revisión de la misma.

Pero no todo es malo, si un "neopatentato" mantiene sus 20 puntos por al menos 3 años, es decir, no comete infracciones de ningún tipo por ese periodo de tiempo, el gobierno italiano le otorga un bono de 1 punto por cada año sin infracciones, al final la licencia podrá alcanzar un total de 23 puntos.

Aseguración de los automóviles

La ley italiana hace obligatoria la aseguración del vehículo a motor por la responsabilidad civil de daños a terceros durante la circulación en las calles de uso público. Quien es penal y civilmente responsable por un siniestro de tránsito, será sujeto a las penas previstas en el Código Penal italiano, y es obligado a indemnizar los daños causados, leves o graves, a las personas y cosas.

La póliza de seguros obligatoria para autos es R.C.A (Responsabilidad Civil Administrativa) y cubre los riesgos y derivados durante la circulación del vehículo aun si no está siendo conducido por el propietario, es decir, los daños producidos por accidentes de tránsito donde resulten lesionados personas, animales o cosas, siempre que se encuentren en los límites de la cobertura de la póliza y el accidente sea producido en áreas abiertas al público.

La póliza R.C.A no cubre la responsabilidad penal ni las sanciones establecidas en el código de tránsito. Además de otros siniestros como robo, incendio y pérdida por catástrofes naturales. Esta es válida en todos los países de la Unión Europea.

Está prohibido utilizar o estacionar un automóvil sin seguro en las áreas públicas, aun cuando el ciudadano esté dispuesto a pagar por los daños causados. Por este motivo, cuando una póliza de seguros se vence, no es posible circular o estacionar ni siquiera fuera de casa, las sanciones por este incumplimiento de ley van desde multas de alto valor hasta el secuestro del vehículo.

Los montos de póliza de seguros dependen de la cantidad de años de posesión de la misma por parte de una persona y de la cantidad de siniestros registrados por él cometidos, un ciudadano que apenas consigue la licencia de conducir, pagará una póliza más alta que aquellos con muchos años de licencia, cosa que cambia si, aunque tengan varios años con licencia de conducir italiana, han tenido varios accidentes leves o graves, en ese caso el seguro puede alcanzar el mismo precio que aquel para el neopatentato.

Estos costos van, para las licencias antiguas, entre 300 y 500 euros, mientras que para quienes están en su primer año pueden alcanzar los 2000 euros. Es deber del conductor mantener un nivel 0 de daños y accidentes para que al pasar los años su póliza baje de costo. Para esto pueden pasar unos 4 o 5 años sin siniestros.

Capítulo IV

Conocer Italia como emigrante

En nuestros primeros meses como emigrantes, mi esposo y yo nos dedicamos, entre otras cosas concernientes a la búsqueda de trabajo, a conocer Roma, viajamos en auto hasta los estacionamientos alrededor de los lugares comunes y de allí hacíamos el recorrido a pie, conocí, en mi caso, y revisitó, en el suyo, la Plaza San Pedro, la Plaza Navona, la Plaza Venecia y otros lugares increíbles que sólo aquí encontrarás. Sin embargo, luego descubrimos que habríamos ahorrado mucho dinero si la opción de transporte para conocer Roma se basara en los medios públicos, quien inventó la frase "todos los caminos llevan a Roma" seguramente recorrió la ciudad en tren y autobús.

Cada estación de tren, metro, bus o tranvía, esta directa o indirectamente conectada con un sitio turístico, bastará que adquieras un boleto ATAC para todo el día cuyo precio no pasa de 5 euros, y tendrás los viajes ilimitados por 24 horas. Puedes subir y bajar en cualquier medio de transporte que desees para recorrer toda la ciudad, por ejemplo, el tranvía cuya terminal es la Plaza Risorgimiento se encuentra a 300 metros de la Plaza San Pedro.

Los autobuses son perfectos si quieres evitar caminar tanto, no obstante, caminar Roma u otros lugares turísticos tiene un toque de estilo pues mientras paseas, puedes ver los detalles de la ciudad, las casas, las pinturas; el suelo y el aire le dan al paseo otro sentido.

Las paradas están perfectamente señaladas en cada sitio. Encontrarás una larga lista de lugares donde el transporte se detiene, incluso muchas paradas tienen pizarras electrónicas donde indican en cuanto tiempo llegará el próximo autobús.

Durante tu recorrido por la ciudad verás varias culturas, incluso conocerás gente nueva. Aprovecha para cultivar nuevas experiencias con personas emigrantes como tú.

Lo mejor para conocer Italia como emigrante es llenarte de ánimo y relajarte, durante tu viaje conocerás no sólo lugares importantes e históricos, también conocerás culturas y valores diferentes, si es tu primera vez en el país europeo, puedes observar el comportamiento de las personas a tu alrededor, es una manera de proceder ventajosa que te ayudará mucho en tus primeros meses de estilo de vida europeo.

El metro es un medio de transporte muy efectivo para conocer la ciudad, es la forma más rápida y segura para trasladarse de sitio a sitio. En muchas de las ciudades italianas hay una red de metro que se conecta directamente con otros transportes como autobuses, trenes y tranvías. Gracias a esta conexión, los boletos que son comprados para viajes en metro, pueden ser utilizados para sus interconexiones con autobuses, trenes y tranvías y viceversa.

Si viajas en tren, es importante conocer con anterioridad los horarios exactos de partida, además puedes adquirir los boletos con anticipación. Para las personas que tienen más de 60 años o menos de 26 años, niños que aún no cumplen los 12 años y personas con discapacidad, tienen descuentos en los boletos de tren. Los ciudadanos italianos mayores de 70 años pueden solicitar el carnet para viajar gratis en el servicio de medios públicos. En cambio si viajas con varias personas, puedes preguntar en las taquillas sobre precios especiales para grupos.

Por otro lado, sí conocerás las ciudades italianas en auto, ten en consideración que el país cuenta con una amplia red de peajes. Para evitar las largas colas en los mismos, puedes adquirir un dispositivo electrónico llamado "Telepass" el cual te permitirá agilizar tus pasos por los peajes, gracias a los canales especiales dedicados a las personas con el dispositivo. Para obtenerlo, debes contar con una cuenta bancaria a tu nombre y una dirección de domicilio, ya que el proceso se realiza por internet y enviará directamente a tu casa el dispositivo ya pronto para el uso. Cada vez que pases por un peaje en el canal señalado "Telepass", el aparato, que estará apoyado en el vidrio del carro, emitirá un sonido que indica la apertura de la barra, cuando pasas la barra acumulas los gastos de peaje que serán debitados cada tres meses de tu cuenta bancaria.

Sobre conducir en Italia, toma en cuenta que los límites de velocidad son importantes; siendo hasta 130 km/h en autopistas, de 110 km/h en las vías extraurbanas (fuera de la ciudad) principales (son las que tienen dos canales de ida y dos de vuelta), y de 90 km/h en las vías extraurbanas secundarias (son las vías que tienen un solo canal de ida y uno de vuelta). Durante tu recorrido podrás encontrar lugares donde estacionar para comer, descansar o simplemente usar los baños.

Asegúrate antes de emprender un viaje si los lugares que deseas conocer poseen estacionamientos públicos, si son gratis o no, y si tienen límite de horas. En algunos lugares históricos, estacionar está completamente prohibido o están delimitados los lugares destinados a tal fin con líneas azules en el asfalto o pavimento, y pueden ser utilizados bajo previo pagamento por tiempo (entre uno y dos euros por hora aproximadamente). Estos estacionamientos a lo largo de las calles son controlados por la policía local, quienes son los que determinan la multa que recibe el automóvil que se encuentra estacionado sin ticket de pago. Para ser más específicos, los puestos de estacionamientos delimitados con líneas en el asfalto de color blanco son gratis, mientras que aquellos delimitados en color azul son pagos.

Otra recomendación es conocer el llamado "varco", parece una palabra mal escrita pero en realidad es una indicación que de ser omitida puedes recibir multas bastante altas. Cuando viajando en auto por el centro histórico o lugares turísticos te encuentras con un cartel y el nombre "varco attivo", significa que no puedes pasar por la zona señalada y que de hacerlo, te encontrarás una cámara que inmortalizará el momento para hacerle llegar la foto a la policía, que a su vez hará llegar una multa de aproximadamente 100 euros directo a tu casa, es decir, al domicilio del dueño del vehículo que aparece en el registro de la placa del mismo.

Si en cambio el cartel dice "varco non attivo" significa que esta desactivado el sistema y puedes pasar sin problema por la zona señalada. Esta indicación vale por ese momento del día por lo que se debe estar atentos al cambio de "attivo" a "non attivo" que puede surgir en cualquier momento.

Otra indicación importante es las áreas ZTL que significan "Zona a Tráfico Limitado". Son áreas específicas que establecen la limitación de entrada vehicular al ciudadano común, solo pueden transitar ciertos tipos de vehículos, como ambulancias, vehículos de los residentes del sector, camiones de descarga, policía o vehículos señalados para uso de personas con discapacidad.

Estas zonas cuentan con telecamaras que toman fotografías continuamente y son enviadas a la policía para los controles correspondientes, si la placa de tu vehículo no se encuentra entre aquellos con el permiso para circular en esas zonas, te harán llegar una multa a casa

Todas estas multas estarán a nombre del propietario del vehículo aunque no haya sido él quien ha cometido la infracción. Es importante decir que no dejes de pagar estas multas puntualmente, pues son directamente conectadas a tu Códice Fiscale y comenzarás a acumular una gran deuda, ya que la ausencia de pago puntual de cualquier multa lleva a su vez al pago de otra multa, y así sucesivamente hasta la inesperada visita de la "guardia de finanzas" a tu domicilio.

Otra recomendación muy importante, no circules por los canales destinados al trasporte público en general, los notaras pues están perfectamente identificadas con líneas de colores en el asfalto o pavimento.

El idioma es importante

Una de las cosas básicas y obvias que aprendemos quienes llegamos a Italia como emigrantes es que el idioma es vital. Aprende una base para iniciar a comunicarte y luego con el pasar de los meses comprenderás y conocerás la lengua rápidamente.

Si no has tenido tiempo de estudiar en tu país de procedencia el idioma, una vez en Italia puedes dirigirte al Comune de tu ciudad para obtener información de cursos que realizan gratuitos o a bajo precio para emigrantes, te ayudará a comunicarte de forma básica y sencilla para poder afrontar todos los trámites que debes realizar.

En muchas oficinas gubernamentales puedes solicitar el apoyo de un traductor; en italiano se llaman "interprete", y colocarán a tu lado una persona que domine tu idioma para ayudarte con cualquier proceso que debas realizar.

Esto vale para cualquier idioma, sea español que inglés. En algunas oficinas del gobierno los empleados conocen al menos un idioma adicional, y si logran reconocer de donde provienes, te hablarán rápidamente en tu idioma para que te sientas más cómodo y tranquilo.

Una de las ventajas de conocer un segundo idioma es que puedes siempre comunicar con otras culturas, sin embargo es una excelente fuente de trabajo, por ejemplo, en el sector turístico, o en las oficinas de jueces y abogados, que siempre hace falta alguna persona que tenga una madre lengua no italiana, pues cuando se trata de defender a alguien o de ayudarlo con procesos legales, si no hablan italiano las cosas se complican más.

Para ser interprete visita una oficina donde ofrezcan este curso (que dependerá de dónde vives) y comienza la carrera corta de traductor, verás que una vez finalizado podrás optar por vacantes de empleo para ayudar o colaborar con quienes no comunican el italiano.

Como ya te mencione, otra fuente de empleo para quienes conocen lenguas es la guía turística, se trata de personas que reúnen grupos de visitantes para llevarlos a los lugares más importantes de la ciudad. No se trata sólo de llenar un auto con personas y hacerles un recorrido. Es necesario prepararte, y para obtener la información te será de gran ayuda la oficina de empleos del Comune de residencia, quienes te dirán los lugares y costos donde realizan estos cursos.

Capítulo V

Reinventarse y dejar de ser un emigrante

Si ya realizaste todos tus trámites y estas dedicado a un trabajo, comienza una vida nueva para ti llena de dudas y de experiencias nuevas. De aquí en adelante te resta solo continuar día a día. Llegar a otro país cargado de sueños e ideas es válido, no obstante, Italia es un país burocrático y cada una de las ideas que tengas, traerá con sigo una larga lista de documentos que presentar o procesos que realizar. Pero al final todo funciona y obtendrás casi siempre una respuesta positiva.

Quienes desean tener un pequeño negocio (si se trata de alimentos), lo recomendable es dirigirse con el plan al ASL, o a la Cámara de Comercio si se trata de productos artesanales. Comenzar desde allí es el primer paso, los especialistas te dirán como hacer cada cosa para lograr lo que desees.

Conoce una persona contable (contador) al mismo tiempo, es perfecto para que le presentes tu idea y te diga cuales son los pros y contras de realizarlo, encontrarás muchos contadores (en italiano "comercialista") que te harán saber la verdad en cuanto a posibilidades de realizar un negocio o no en la ciudad. Si piensas traer una franquicia, el comercialista también te indicará como hacerlo y los costos que tiene el proceso.

Si una de las ideas que te viene a la mente, es tener un pequeño grupo de clientes para manicura o pedicura, puedo asegurarte que no es un mal plan, pero la ejecución puede hacerte desistir. La ley de comercio llama a esta profesión "onicotecnica" y para ser ejercido sea como empleado o como privado, o para montar tu propio "Nail Center o Spa" es necesario que la persona se especialice en el área.

Por ejemplo, para ser técnico de uñas debes cursar la carrera, y esta prevé todos los módulos de una profesión, incluso si hablamos de los costos. Ser onicotecnico puede costarte entre 1000 y 2000 euros, estudios por casi 3 años en una academia especializada y las pasantías correspondientes al título que obtienes, lo mismo aplica para oficios como peluquería, masajes, etc. Si en cambio realizas cursos cortos, puedes aplicar para realizar trabajos itinerantes en peluquerías o en tu casa de forma privada. Si te inclinas por trabajar en tu casa, ten cuidado con la higiene de los materiales y la salud de tus clientes.

Cualquier oficio que desees emprender que esté relacionado directa o indirectamente con la cura de la persona, estará sujeto a las normas y leyes del comercio. En ella está establecido la o las profesiones o carreras que debes haber aprobado para poder ejercer cada oficio.

Puedes ir al Comune de residencia para obtener más información al respecto, allí encontrarás especialistas que te indicarán la mejor manera de lograr lo que deseas, incluso te dirán cuáles son los casos en los que te otorgan los permisos o no.

Hablemos de alimentos, si tu idea es ser vendedor ambulante, lo primero que debes pensar es si quieres tener un "Food Truck" y estacionarte por varios lugares de la ciudad, o simplemente quieres abrir tu negocio en un solo lugar. Una vez decidido, entonces comenzarás el proceso, si tu idea es ir de zona en zona te servirá una licencia de vendedor ambulante itinerante tipo A y si en cambio estarás fijo, te bastará una tipo B.

Ambas licencias (porque se trata de alimentos) condicionan al vendedor, empleado o dueño a cursar los programas necesarios, por ejemplo si eres el dueño pero no estarás en contacto directo con los alimentos podrás hacer un curso corto llamado Análisis de Peligros y Puntos Críticos de Control (APPCC o HACCP, por sus siglas en inglés) solo para la gestión de este tipo de negocio. Estos cursos tienen un valor aproximado de entre 30 y 80 euros y en algunos casos pueden ser cursados por internet.

Si serás el dueño y tendrás un contacto indirecto con los alimentos (si los preparas en envases o almacenas) deberás cursas el programa HACCP que cuesta alrededor de 150 euros. Para quienes en cambio estarán directamente en contacto con los alimentos (cocinarlos y/o servirlos) deben cursar el HACCP con un precio de 300 euros.

Las licencias son otorgadas siempre que sean cumplidos todos los requerimientos necesarios, es obligatoria una verificación por parte de peritos (son seleccionados por el ASL) del lugar donde venderás, prepararás y conservarás los alimentos. Esto es un capítulo tan largo como las ideas, sin embargo para ser más claro, si deseas cocinar los alimentos en casa y sólo venderlos en un pequeño quiosco ambulante, el lugar donde prepararas los alimentos debe tener algunas especificaciones especiales. En pocas palabras, la cocina donde preparas las comidas diarias del hogar no podrá ser la misma donde elaboras los productos para vender, vale el mismo concepto para el refrigerador o el almacén.

La cámara de comercio italiana es rígida con las normas en cuanto a alimentación se trata, es importante que sepas que Italia cuenta con las leyes más duras en el mundo en cuanto al control de calidad de alimentos y bebidas, y el índice más bajo, también a nivel mundial, de accidentes y/o enfermedades producidas por alimentos en mal estado; si un producto no es aprobado por el estricto sistema de sanidad, simplemente el permiso será revocado o no otorgado.

Si se trata de productos artesanales, un quiosco ambulante puede ser una idea valida. El comune te pedirá los detalles de las cosas a vender, el aproximado mensual de venta y las especificaciones del quiosco que tendrás. Ante cualquier duda, informate en la cámara de comercio o en los Centros de Asistencia Fiscal CAF), te darán toda la ayuda necesaria, no desistas que no es imposible.

Sin embargo, cuando traes de tu país una carrera como mi esposo (arquitecto) y yo (periodista), no debes dejar de lado tu profesión, enfócate siempre en lo que estudiaste y en lo que estás preparado. Muchas empresas italianas prefieren profesionales con dos y tres idiomas y conocimientos adicionales. No desistas ni pierdas las esperanzas de continuar ejerciendo tu profesión aun cuando hayas decidido emigrar a otro país.

Buena suerte

Conclusiones

Cada experiencia de emigración es diferente, he conocido muchos (la mayoría amigos y familiares) que han tenido dudas durante su salida del país, a pesar de esto, no han dejado de pensar que fue un cambio positivo y que deben continuar para mejorar su calidad de vida.

Para mis amigos y familiares, quienes decidieron emprender un viaje de emigración, estas palabras:

"Emigrar es algo tangible, y que no todos son capaces de hacer, emigrar conlleva sacrificios, lágrimas y risas. Todo el que emigra se lleva en sus espaldas una vida entera que inició en otro lugar y que terminará en el lugar donde decidió andar".